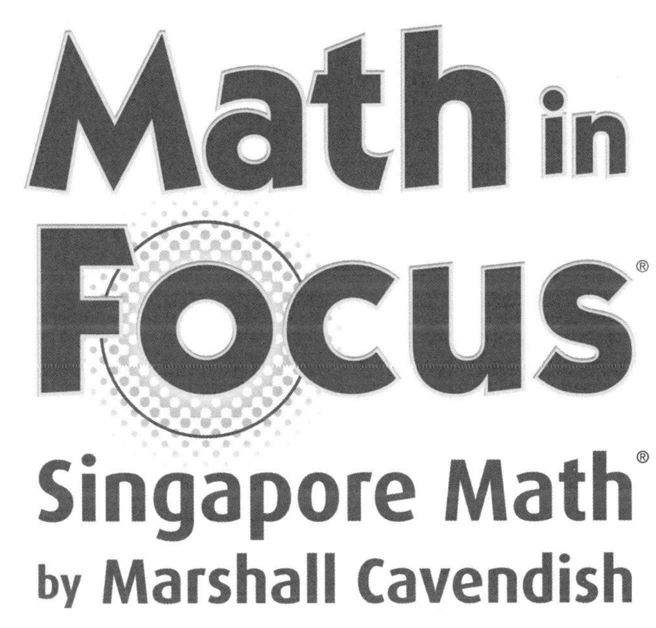

School-to-Home Connections

Contributor

Kevin Lee

U.S. Distributor

Houghton
Mifflin
Harcourt

Published by Marshall Cavendish Education
An imprint of Marshall Cavendish Education Private Limited
Times Centre, 1 New Industrial Road, Singapore 536196
Customer Service Hotline: (65) 6213 9444
U.S. Office Tel: (1-914) 332 8888 Fax: (1-914) 332 8882
E-mail: tmesales@mceducation.com
Website: www.mceducation.com

Distributed by
Houghton Mifflin Harcourt
222 Berkeley Street
Boston, MA 02116
Tel: 617-351-5000
Website: www.hmheducation.com/mathinfocus

First published 2015

Math in Focus® School-to-Home Connections 3
ISBN 978-0-544-19262-1

Printed in Singapore

1 2 3 4 5 6 7 8   1401   20 19 18 17 16 15
4500463695   A B C D E

Contents

Preface

This *School-to-Home Connections* book is created to facilitate communication between teacher and families and to help adults at home support their child's experiences in math at school.

Math in Focus® *School-to-Home Connections* consists of one newsletter per chapter as well as a Welcome letter and an End-of-Year letter, each in both English and Spanish. The newsletters include:

- vocabulary terms with explanations
- a brief outline of the math content for the chapter
- a simple and engaging activity for an adult at home to do with the child to explore or practice a key concept or skill

Students whose parents are involved and supportive tend to be more engaged and successful in the classroom. Take advantage of this opportunity to connect with your students' families. Send the newsletters home near the beginning of each chapter so that families can discuss concepts with their child as they are being presented in school.

Dear Family,

Welcome to *Math in Focus®: Singapore Math® by Marshall Cavendish*, the world-class math curriculum from Singapore adapted for U.S. classrooms based on updated math standards.

The *Math in Focus®* program consists of Student textbooks and Workbooks that work together. At school, your child will use the Student textbook to learn math concepts and practice extensively to develop a deeper understanding. Your child will also participate in activities or games, and discuss his or her findings in class.

Your child will be assigned pages from the Workbook to be completed as individual work. This will include:

Practice problems to reinforce math skills and concepts

Put On Your Thinking Cap!

- **Challenging Practice** problems to help broaden your child's thinking skills and extend their understanding of concepts

- **Problem Solving** questions to challenge your child to use relevant problem-solving strategies for non-routine problems

Math in Focus® addresses topics in greater depth at each grade. This year, your third grader will focus on:

- building problem-solving skills and strategies
- using models to solve real-world problems involving the four operations
- making and interpreting data from bar graphs
- identifying fractions of a set
- finding angles and identifying lines
- understanding area and perimeter of figures

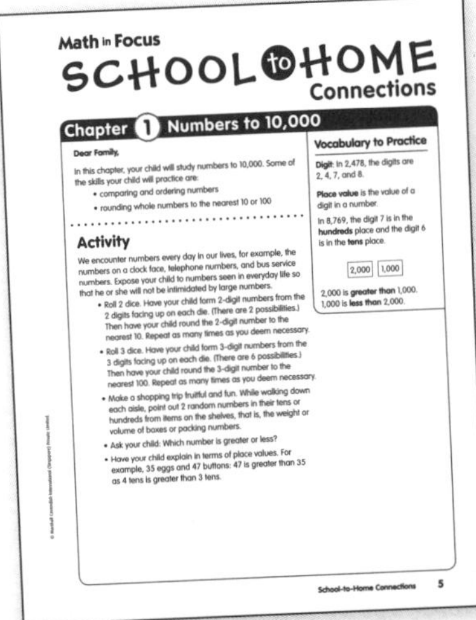

You can help your child build confidence as well as communication skills in mathematics by practicing newly acquired skills at home. Throughout the year, I will be sending home letters that will help you understand what your child will be learning in school. These letters contain activities that give you and your child an opportunity to work together to hone new skills.

You can encourage your child's efforts by taking advantage of opportunities to use math in everyday situations. Allow your child's math class-work or homework to guide you in determining the appropriate level of challenge.

While shopping or at the supermarket, have your child:

- estimate the cost of your groceries

- pay for purchases with real money and estimate the change

On car trips, challenge your child to:
- look out for geometric shapes in road signs, buildings, and architecture

At home, invite your child to:

- help plan a family vacation by looking at prices from the Internet or travel brochures

- measure ingredients for a recipe

- conduct a survey and tally the responses

- find angles and lines in things around the house

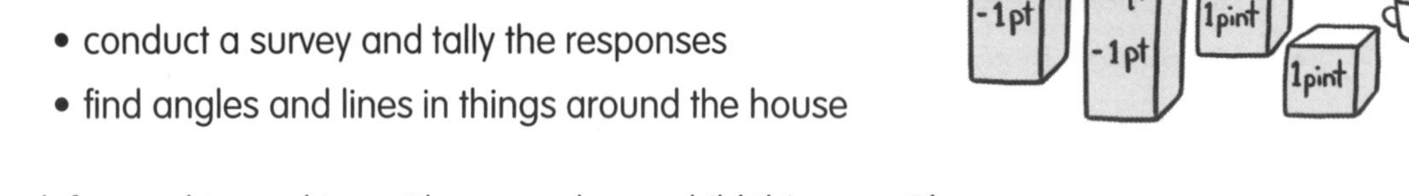

I look forward to working with you and your child this year. Please contact me if you have any questions about the program or about your child's progress.

Estimada familia:

Bienvenidos a *Math in Focus®: Singapore Math® by Marshall Cavendish,* el plan de estudios de matemáticas del tercer grado de Singapur, adaptado para clases de EE.UU. según normas matemáticas actualizadas.

El programa *Math in Focus®* consta de textos y libros de trabajo para el estudiante que se utilizan en conjunto. En la escuela, su hijo utilizará el texto para el estudiante para aprender conceptos matemáticos y practicar extensamente con el objeto de lograr una mayor comprensión. Su hijo también participará en actividades o juegos, y conversará sobre sus hallazgos en clases.

A su hijo se le asignarán páginas del libro de trabajo para que las complete como trabajo individual. Esto incluirá: Problemas **prácticos** para reforzar las destrezas y los conceptos matemáticos

¡Pon tu cerebro a trabajar!

- Problemas **prácticos desafiantes** para ayudar a ampliar las destrezas de pensamiento y su comprensión de los conceptos
- Preguntas para **resolución de problemas** para desafiar a su hijo a utilizar estrategias de resolución de problemas no rutinarios

Math in Focus® abarca temas con mayor profundidad en cada grado. Este año, su hijo de tercer grado se centrará en:

- crear destrezas y estrategias de resolución de problemas
- usar modelos para resolver problemas reales que impliquen el uso de las cuatro operaciones
- preparar e interpretar datos de gráficas de barras
- identificar fracciones en un conjunto
- encontrar ángulos e identificar líneas
- comprender el área y el perímetro de las figuras

Puede ayudar a su hijo a crear confianza y destrezas de comunicación en matemáticas al practicar en casa las destrezas recientemente adquiridas. Durante el año, le enviaré cartas que le permitirán entender qué estará aprendiendo su hijo en la escuela. Estas cartas contienen actividades que brindan a usted y a su hijo una oportunidad para trabajar juntos con el fin de perfeccionar nuevas destrezas.

Puede estimular los esfuerzos de su hijo al aprovechar las oportunidades de utilizar matemáticas en situaciones cotidianas. Permita que el trabajo en clase o las tareas de matemáticas de su hijo lo orienten para determinar el nivel adecuado de desafío.

Al ir de compras o al supermercado, pida a su hijo que:

- estime el costo de los productos que compra

- pague las compras con dinero verdadero y estime el cambio

Durante viajes en automóvil, inste a su hijo a:
- buscar cuerpos geométricos en las señales de tránsito, los edificios y la arquitectura

En su hogar, invite a su hijo a:

- colaborar en la preparación de las vacaciones familiares mediante la búsqueda de precios y costos en Internet o folletos de viaje

- medir los ingredientes de una receta

- realizar una encuesta y marcar las respuestas

- conectar ángulos y líneas con las cosas que hay en la casa

Espero con interés trabajar con usted y su hijo este año. Comuníquese conmigo si tiene alguna pregunta sobre el programa o sobre el avance de su hijo.

Math in Focus
SCHOOL to HOME Connections

Dear Family,

In this chapter, your child will study numbers to 10,000. Some of the skills your child will practice are:

- comparing and ordering numbers
- rounding whole numbers to the nearest 10 or 100

Activity

We encounter numbers every day in our lives, for example, the numbers on a clock face, telephone numbers, and bus service numbers. Expose your child to numbers seen in everyday life so that he or she will not be intimidated by large numbers.

- Roll 2 dice. Have your child form 2-digit numbers from the 2 digits facing up on each die. (There are 2 possibilities.) Then have your child round the 2-digit number to the nearest 10. Repeat as many times as you deem necessary.

- Roll 3 dice. Have your child form 3-digit numbers from the 3 digits facing up on each die. (There are 6 possibilities.) Then have your child round the 3-digit number to the nearest 100. Repeat as many times as you deem necessary.

- Make a shopping trip fruitful and fun. While walking down each aisle, point out 2 random numbers in their tens or hundreds from items on the shelves, that is, the weight or volume of boxes or packing numbers.

- Ask your child: Which number is greater or less?

- Have your child explain in terms of place values. For example, 35 eggs and 47 buttons: 47 is greater than 35 as 4 tens is greater than 3 tens.

Vocabulary to Practice

Digit: In 2,478, the digits are 2, 4, 7, and 8.

Place value is the value of a digit in a number.

In 8,769, the digit 7 is in the **hundreds** place and the digit 6 is in the **tens** place.

2,000	1,000

2,000 is **greater than** 1,000.
1,000 is **less than** 2,000.

Math in Focus
Conexiones entre
ESCUELA Y CASA

Capítulo 1 — Los números hasta 10,000

Estimada familia:

En este capítulo, su hijo aprenderá los números hasta 10,000. Algunas de las destrezas que practicará su hijo son:

- comparar y ordenar números
- redondeo de números enteros a la más cercana 10 o 100

Actividad

Nos encontramos con números todos los días de nuestra vida. Por ejemplo, los números del reloj, del teléfono, de los servicios de autobús. Visto en la vida cotidiana para que él o ella no ser intimidada por un gran número de autobuses.

- 2 Dados. Tienen sus números de 2 dígitos de forma infantil de las cifras hacia arriba en cada dado. (Hay 2 posibilidades). Luego de que su hijo redondear el número de 2 dígitos a los 10 más cercano. Repetir tantas veces como usted considere necesario.

- 3 Dados. Tienen sus números de 3 dígitos de forma infantil de los 3 dígitos hacia arriba en cada dado. (Hay 6 posibilidades). Luego de que su hijo redondear el número de 3 dígitos al 100 más cercano. Repetir tantas veces como usted considere necesario.

- Hacer un viaje de compras fructífera y divertida. Mientras camina por cada pasillo, punto 2 números al azar en sus decenas o cientos de artículos en los estantes, es decir, el peso o el volumen de cajas o números de embalaje.

- Pregúntele al niño: que el número es mayor o menor?

- Haga que su hijo explicar en términos de valores de lugar. Por ejemplo, 35 huevos y 47 botones: 47 es mayor que 35 como 4 decenas es mayor que 3 decenas.

Vocabulario para practicar

Dígito: En 2,478, los dígitos son 2, 4, 7, y 8.

Valor posicional es el valor de un dígito en un número

En 8,769, el dígito 7 es en lugar de las **centenas** y el dígito 6 es en las **decenas** Coloque

| 2,000 | 1,000 |

2,000 es **mayor que** 1,000.
1,000 es **menor que** 2,000.

Math in Focus

SCHOOL to HOME Connections

Dear Family,

In this chapter, your child will learn about mental addition and subtraction, as well as estimation.

Some of the skills your child will practice are:

- adding and subtracting 2-digit numbers mentally, with or without regrouping
- rounding numbers to estimate sums and differences
- using front-end estimation to estimate sums and differences

Activity

The ability to estimate sums has numerous applications in everyday life. For example, have your child estimate the cost of your next shopping trip.

- Help him or her draw up a short family grocery shopping list.
- Then have your child write the prices of each item (wherever possible) by looking at advertised prices in the newspapers. Ensure the prices are in whole dollars as your child has not learned to estimate cost in compound units.
- Finally, have him or her estimate the total cost of the groceries.

Vocabulary to Practice

Rounded is a term used in estimating numbers to the nearest ten, hundred, and so on.

2,436 is 2,400 when rounded to the nearest hundred.

An **estimate** is a number close to the exact number.

396 is 400 when rounded to the nearest hundred. 400 is an estimate.

$1,245 + 2,534 = 3,779$

1,245 rounded to the nearest thousand is 1,000.

2,534 rounded to the nearest thousand is 3,000.

The estimated sum is 4,000. 3,779 is close to 4,000 so the answer is **reasonable**.

The **leading digit** in a number is the digit with the greatest place value. The leading digit for 2,475 is 2.

Front-end estimation uses leading digits to estimate sums and differences.

Conexiones entre
ESCUELA Y CASA

Capítulo ② Cálculo mental y estimación

Estimada familia:

En este capítulo su hijo aprenderá a realizar sumas y restas mentalmente, así como también estimaciones.

Algunas de las destrezas que practicará su hijo son:

- sumar y restar mentalmente números de dos dígitos con o sin reagrupación
- redondear números para estimar sumas y diferencias
- usar estimaciones por la izquierda para estimar sumas y diferencias

Actividad

La capacidad de estimar sumas tiene numerosas aplicaciones en la vida cotidiana. Por ejemplo, haga que su hijo estime el costo de la siguiente salida para realizar compras.

- Ayúdelo a preparar una lista corta de las compras que tiene que realizar.
- Luego haga que su hijo anote el precio de cada producto (siempre que se pueda) mirando los precios publicados en los periódicos. Asegúrese de que los precios estén expresados en dólares en números enteros, ya que su hijo no ha aprendido a estimar costos en unidades compuestas.
- Finalmente, haga que estime el costo total de las compras.

Vocabulario para practicar

Redondeo es un término usado para estimar números y llevarlos a la decena, centena y etc. más cercana.

2,436 es 2,400 al redondearlo a la centena más cercana.

Una **estimación** es un número cercano al número exacto.

396 es 400 al redondearlo a la centena más cercana. 400 es una estimación.

$1,245 + 2,534 = 3,779$
1,245 redondeado al más cercano a mil es 1,000.

2,534 redondeado al más cercano a mil es 3,000.

La suma estimada es 4,000. Lo más cercano a 4,000 es 3,779, entonces, la respuesta es **razonable**.

El **dígito principal** en un número es el dígito de mayor valor. El dígito principal en 2,475 es 2.

La estimación por la izquierda usa dígitos principales para estimar sumas y diferencias.

Math in Focus
SCHOOL to HOME
Connections

Chapter ③ Addition up to 10,000

Dear Family,

In this chapter, your child will learn to add numbers up to 10,000. Some of the skills your child will practice are:

- adding without regrouping
- adding with regrouping in ones, tens, and hundreds

Activity

Addition is an important math skill. Knowledge of this skill allows your child to participate in solving many real-world problems.

- Have your child imagine that he or she has $10,000 with which to buy as many computers and electronic appliances as possible for a charity.
- Brainstorm with your child which items the charity may need before checking the newspapers or fliers to come up with a best-value-for-the-money shopping list.
- Finally, have your child add up the costs to make sure that the available money is fully utilized.

Vocabulary to Practice

The **sum** is the answer to an addition problem.

$123 + 45 = 168$

168 is the sum of 123 and 45.

To **regroup** is to change
10 ones to 1 ten or 1 ten to 10 ones;
10 tens to 1 hundred or
1 hundred to 10 tens;
10 hundreds to 1 thousand or
1 thousand to 10 hundreds.

Conexiones entre
ESCUELA Y CASA

Capítulo ③ Sumas hasta 10,000

Estimada familia:

En este capítulo, su hijo aprenderá operaciones de suma hasta 10,000.
Algunas de las destrezas que practicará su hijo son:

- sumar sin reagrupar
- sumar con reagrupación en unidades, decenas y centenas

Actividad

La suma es una habilidad matemática importante. Tener conocimiento de esta habilidad permite a su hijo participar en la resolución de problemas reales.

- Haga que su hijo imagine que tiene $10,000 para comprar tantas computadoras y artículos electrónicos como pueda para una organización de beneficencia.

- Determine con su hijo los elementos que necesitará antes de que mire los precios en los periódicos o panfletos para obtener los mejores precios para su lista de compras.

- Finalmente, haga que su hijo sume los costos para asegurarse de que se usó todo el dinero que tenía disponible.

Vocabulario para practicar

La **suma** es la respuesta a un problema de suma.

$$123 + 45 = 168$$

168 es la suma de 123 y 45.

Reagrupar es cambiar
10 unidades a 1 decena ó
1 decena a 10 unidades;
10 decenas a 1 centena ó
1 centena a 10 decenas;
10 centenas a 1 millar ó
1 millar a 10 centenas.

Math in Focus

SCHOOL to HOME
Connections

Chapter ④ Subtraction up to 10,000

Dear Family,

In this chapter, your child will learn to subtract numbers within 10,000.

Some of the skills your child will practice are:

- subtraction without regrouping
- subtraction with regrouping in ones, tens, hundreds, and thousands

Activity

Like addition, subtraction is another important math skill. Subtraction is the opposite of addition. There are many situations that allow your child to practice this skill. For example, have your child help to plan your family's next vacation (real or imaginary).

- Draw up a list of costs with your child, such as air tickets, accommodation, vehicle rental, and insurance.
- You may search the Internet with your child for the costs of these items.
- Next, have your child compare the prices of these items from other travel agencies or websites. Have your child calculate how much can be saved by choosing one particular airline over another, and so on.
- Finally, have your child add up the costs. If the cost of the trip is more than what you have budgeted for, discuss how he or she can cut down on expenses. For example, cut short the vacation, fly with a cheaper airline, or book the hotel earlier to enjoy a discount.

Vocabulary to Practice

The **difference** is the answer to a subtraction problem.

$1{,}047 - 23 = 1{,}024$

1,024 is the difference between 1,047 and 23.

To **regroup** is to change 10 ones to 1 ten or 1 ten to 10 ones; 10 tens to 1 hundred or 1 hundred to 10 tens; 10 hundreds to 1 thousand or 1 thousand to 10 hundreds.

Conexiones entre
ESCUELA Y CASA

Capítulo ④ Restas hasta 10,000

Estimada familia:

En este capítulo, su hijo aprenderá operaciones de resta hasta 10,000.

Algunas de las destrezas que practicará su hijo son:

- restar sin reagrupar
- restar con reagrupación en unidades, decenas, centenas y millares

Actividad

Al igual que la suma, la resta es también una importante destreza matemática. Restar es lo opuesto a sumar. Su hijo puede practicar esta destreza en muchas situaciones. Por ejemplo, haga que su hijo ayude a planear las próximas vacaciones de la familia (reales o imaginarias).

- Prepare con su hijo una lista de los gastos, como por ejemplo, pasajes, alojamiento, alquiler de vehículo y seguro.
- Puede buscar en Internet con su hijo los costos de esos elementos.
- Luego, haga que su hijo compare esos precios con los de otras agencias de viajes o los de otros sitios Web. Haga que su hijo calcule cuánto se podría ahorrar al elegir una aerolínea en particular en lugar de otra, etc.
- Finalmente, haga que su hijo sume los costos. Si los costos del viaje son mayores que los presupuestados, analice con su hijo la forma de bajar dichos costos. Por ejemplo, acortar las vacaciones, volar con otra línea aérea, reservar con anticipación el hotel para obtener un descuento.

Vocabulario para practicar

La **diferencia** es la respuesta a un problema de resta.

$1{,}047 - 23 = 1{,}024$

1,024 es la diferencia entre 1,047 y 23.

Reagrupar es cambiar
10 unidades a 1 decena ó
1 decena a 10 unidades;
10 decenas a 1 centena ó
1 centena a 10 decenas;
10 centenas a 1 millar ó
1 millar a 10 centenas.

Math in Focus
SCHOOL to HOME
Connections

Dear Family,

In this chapter, your child will learn to solve real-world problems involving addition and subtraction.
The key skill your child will practice is:

- using bar models to solve 2-step real-world problems on addition and subtraction

Activity

The information in a real-world problem is presented as text rather than in mathematical notation. Children often have difficulty translating the English words into mathematical language. However, once they figure out the actual math equation, finding the solution is fairly simple. Here's an example of a real-world problem your child can solve using adding-on bar models:

John collected 74 big leaves and 97 small leaves one autumn day. How many leaves did he collect in all?

- Have your child read the text and pick out the important information: 74 big leaves and 97 small leaves. Then draw the models. (The bars do not have to be drawn exactly to scale.)

74	97
	?

- Next have your child read the question and say what the question is asking.
- Finally, have your child perform the operation: 74 + 97 = 171.

Vocabulary to Practice

The **sum** is the answer to an addition problem.

The **difference** is the answer to a subtraction problem.

A **bar model** helps to solve word problems. Bars are drawn, labeled with all the relevant information, and divided according to the situation in the word problem.

20	15
	35

Math in Focus

Conexiones entre ESCUELA Y CASA

Capítulo 5 · Modelos de barras: Suma y resta

Estimada familia:

En este capítulo, su hijo aprenderá a resolver problemas reales que requieren sumar y restar.

La destreza clave que practicará su hijo es:

- usar modelos de barras para resolver problemas reales en dos pasos, realizando operaciones de suma y resta

Actividad

La información en un problema real se presenta como texto en lugar de una notación matemática. Los niños algunas veces tienen dificultad en traducir las palabras al idioma matemático. Sin embargo, una vez que descubren la ecuación matemática real, encontrar la solución es relativamente simple. Aquí se muestra un ejemplo de un problema real que su hijo puede resolver usando modelos de barra de suma:

John recolectó 74 hojas grandes y 97 hojas pequeñas un día de otoño. ¿Cuántas hojas recolectó en total?

- Haga que su hijo lea el texto y obtenga la información más importante: 74 hojas grandes y 97 hojas pequeñas. Luego dibuje los modelos. (Las barras no tienen que ser dibujadas exactamente a escala.)

74	97

?

- Luego haga que su hijo lea la pregunta y diga que le pregunta.
- Finalmente, haga que su hijo realice la operación: 74 + 97 = 171.

Vocabulario para practicar

La **suma** es la respuesta a un problema de suma.

La **diferencia** es la respuesta a un problema de resta.

Un **modelo de barra** ayuda a resolver problemas expresados en palabras. Se dibujan barras con la información relevante y se dividen según la situación expresada en el problema.

20	15

35

Math in Focus

SCHOOL to HOME
Connections

Chapter 6 — Multiplication Tables of 6, 7, 8, and 9

Dear Family,

In this chapter, your child will learn to understand multiplication using the array model and the area model, and see how multiplication and division are related.

Some of the skills your child will practice are:

- learning multiplication facts of 6, 7, 8, and 9
- dividing to find the number of items in each group
- dividing to make equal groups

Activity

Show your child that multiplication can be fun. Play this multiplication game with your child to reinforce the facts that he or she is learning. This game can be played by two or more people.

- First decide on a multiplication fact, for example, 6. Then start counting from one. Players take turns to say the next number in the series.

- At each multiple of 6, the player replaces the multiple of 6 by saying `Up!´ instead. Example: 1, 2, 3, 4, 5, *Up!*, 7, 8, 9, 10, 11, *Up!*, 13, 14, 15, 16, 17, *Up!*, ... If the player is stumped or says the number instead of `Up!´, he or she drops out of the game. The game continues until only one player remains in the game.

- When your child is proficient with the multiplication facts of 6, repeat the game using multiplication facts of 7, 8, or 9.

Vocabulary to Practice

An **array model** is an arrangement in rows and columns.

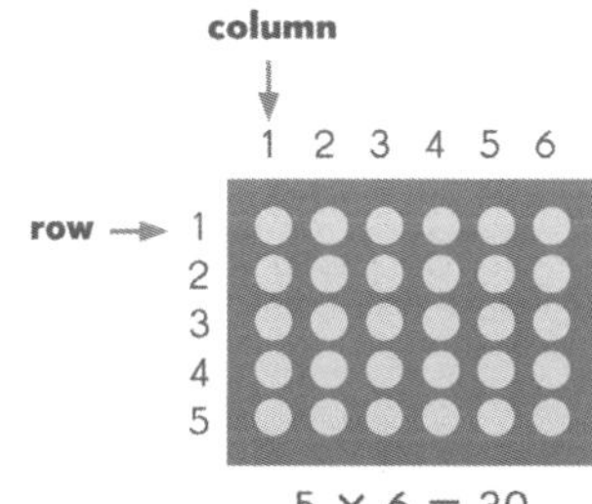

Area model of multiplication:

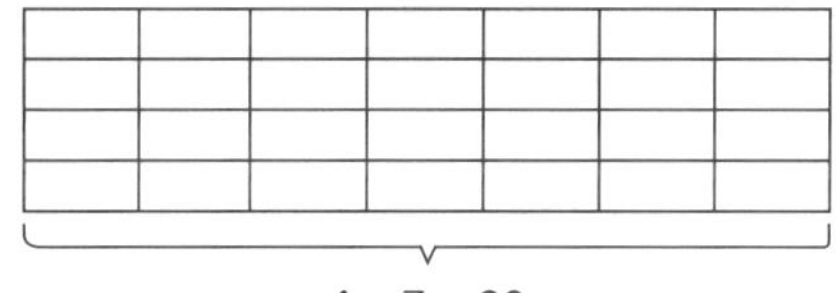

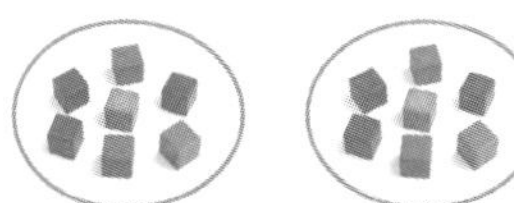

These are **equal groups**. Both have the same number of items.

Math in Focus

Conexiones entre
ESCUELA Y CASA

Capítulo 6 — Tablas de multiplición de 6, 7, 8, y 9

Estimada familia:

En este capítulo, su hijo aprenderá a entender la multiplicación usando el modelo de matriz y el modelo de área y notará que la multiplicación y la división están relacionadas.

Algunas de las destrezas que practicará su hijo son:

- aprender operaciones de multiplicación con 6, 7, 8, y 9
- dividir para encontrar la cantidad de elementos en cada grupo
- dividir para formar grupos iguales

Actividad

Muestre a su hijo que multiplicar puede ser divertido. Juegue con su hijo este juego de multiplicación para reforzar las operaciones que está aprendiendo. Este juego se puede jugar con dos o más personas.

- Primero decida una operación de multiplicación, por ejemplo, 6. Luego, comience a contar desde el número uno. Los jugadores se turnan para decir el número siguiente en la serie.

- En cada múltiplo de 6, el jugador reemplaza el múltiplo de 6 por la palabra `¡Arriba!´. Ejemplo: 1, 2, 3, 4, 5, ¡Arriba!, 7, 8, 9, 10, 11, ¡Arriba!, 13, 14, 15, 16, 17, ¡Arriba!, … Si el jugador se queda callado o dice el número en lugar de `¡Arriba!´ sale del juego. El juego continúa hasta que sólo queda un jugador.

- Cuando su hijo es excelente con las operaciones de multiplicación con el número 6, repita el juego con las tablas de 7, 8, o 9.

Vocabulario para practicar

Un **modelo de matriz** son filas y columnas.

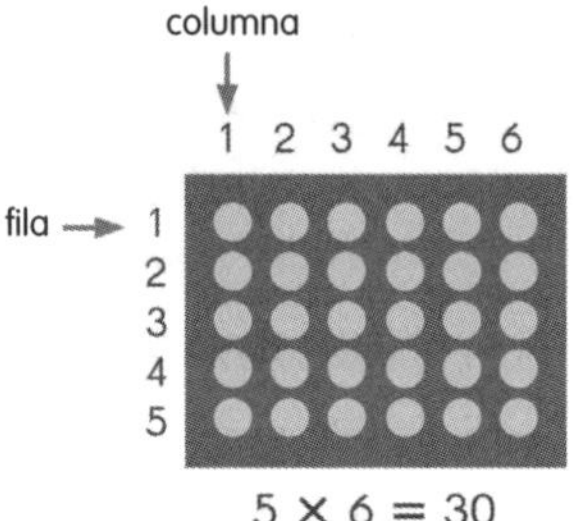

Modelo de área para multiplicación:

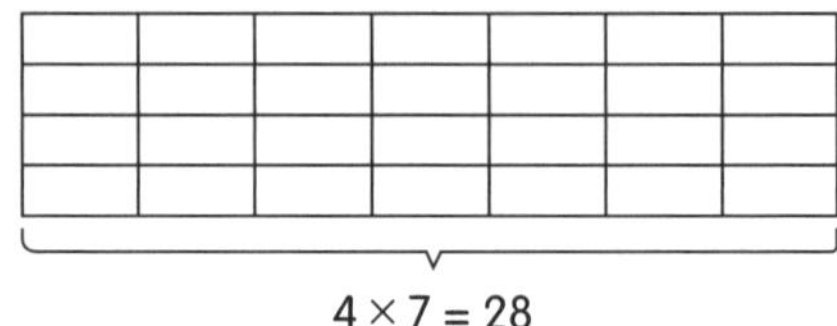

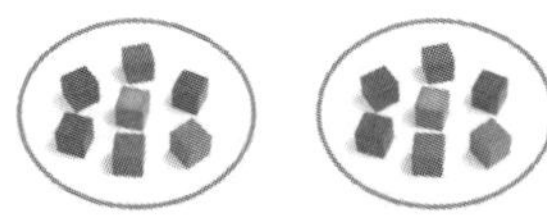

Estos son **grupos iguales**. Ambos tienen igual número de elementos.

Math in Focus
SCHOOL to HOME
Connections

Dear Family,

In this chapter, your child will learn multiplication without and with regrouping.

Some of the skills your child will practice are:

- multiplying ones, tens, and hundreds mentally
- multiplying ones, tens, and hundreds without and with regrouping

Vocabulary to Practice

A **product** is the answer in a multiplication problem.

$5 \times 70 = 350$

350 is the product of 5 and 70.

Activity

Multiplication is an important concept in everyday life that we use all the time. Encourage your child to use math in his or her everyday life more often.

- Choose something in your house that your child can count or estimate. It can be the number of books on a shelf, or the estimated number of cookies in a jar.
- Point (for example) to a shelf of books. Have your child count the number of books on the shelf. Ask how many books there will be on 5 shelves if all the shelves had the same number of books. Provide your child with pen and paper to work out the answer.
- This practical activity gives your child computational practice around the house.

Math in Focus

Conexiones entre
ESCUELA Y CASA

Capítulo 7 Multiplicación

Estimada familia:

En este capítulo, su hijo aprenderá a multiplicar sin y con reagrupación.

Algunas de las destrezas que practicará su hijo son:

- multiplicar unidades, decenas y centenas mentalmente
- multiplicar unidades, decenas y centenas sin y con reagrupación

Vocabulario para practicar

El **producto** es la respuesta a un problema de multiplicación.

$50 \times 70 = 350$

350 es el producto de 5 y 70.

Actividad

La multiplicación es un concepto importante de la vida cotidiana que usamos constantemente. Inste a su hijo para que use matemáticas en la vida cotidiana más seguido.

- Elija algo en su casa que su hijo pueda contar o estimar. Puede ser el número de libros en una repisa o el número estimado de galletas en un frasco.

- Señale una repisa con libros. Haga que su hijo cuente el número de libros en la repisa. Pregunte cuántos libros habría en 5 repisas si todas las repisas tuvieran el mismo número de libros. Entregue a su hijo lápiz y papel para que elabore la respuesta.

- Esta actividad práctica hace que su hijo practique cálculos en su casa.

SCHOOL to HOME
Connections

Chapter 8 Division

Dear Family,

In this chapter, your child will learn mental division, finding quotients, and finding remainders.

Some of the skills your child will practice are:

- using related multiplication facts to divide
- dividing a 1-digit or a 2-digit number by a 1-digit number, with or without a remainder
- identifying odd and even numbers

Activity

Division is the opposite of multiplication. Children often find it difficult to understand division and the relationship between multiplication and division. Encourage your child to use different multiplication and division concepts in his or her everyday experiences and real-life situations. Children love solving problems involving food. Division will mean helping each person get a fair share.

- Tell your child that the host at a party serves 72 chicken wings. If the host places an equal number of chicken wings on 6 tables, how many chicken wings are placed on each table? What if there are 9 tables instead of 6?

- Reverse roles. Invite your child to make up a story for you and then have him or her check your answer.

Vocabulary to Practice

A **quotient** is the answer to a division problem.

$8 \div 2 = 4$

4 is the quotient.

A **remainder** is the number left over from a division problem.

$11 \div 2 = 5\,R\,1$

When 11 is divided by 2, the remainder is 1.

Any number that has the digit 0, 2, 4, 6, or 8 in its ones place is an **even number**. 9,354 and 4,956 are even numbers.

Any number that has the digit 1, 3, 5, 7, or 9 in its ones place is an **odd number**. 8,203 and 1,245 are odd numbers.

Conexiones entre
ESCUELA Y CASA

Capítulo 8 División

Estimada familia:

En este capítulo, su hijo aprenderá a hacer divisiones mentalmente como así también a encontrar cocientes y residuos. Algunas de las destrezas que practicará su hijo son:

- usar operaciones de multiplicación relacionadas para dividir
- dividir números de uno o dos dígitos por números de un dígito con o sin residuo
- identificar números pares e impares

Actividad

Dividir es lo opuesto a multiplicar. Para algunos niños es difícil comprender la división y la relación entre multiplicar y dividir. Fomente en su hijo el uso de distintos conceptos de multiplicación y división en las experiencias de su vida diaria y en situaciones de la vida real. Los niños adoran resolver problemas relacionados con alimentos. La división podría significar ayudar a que cada persona reciba una parte justa.

- Diga a su hijo que el anfitrión en una fiesta sirve 72 alas de pollo. Si el anfitrión coloca igual número de alas de pollo en 6 mesas, ¿cuántas alas de pollo se colocan en cada mesa? ¿Qué sucede si hay 9 mesas en lugar de 6?
- Invierta los roles. Invite a su hijo a inventar una historia para usted y luego haga que compruebe su respuesta.

Vocabulario para practicar

El **cociente** es la respuesta a un problema de división.

$8 \div 2 = 4$

4 es el cociente.

El **residuo** es el número resultante luego de un problema de disivión.

$11 \div 2 = 5\ R\ 1$

Al dividir 11 por 2, el residuo es 1.

Cualquier número que termina con los dígitos 0, 2, 4, 6, u 8 es un **número par**. 9,354 y 4,956 son números pares.

Cualquier número que termina con los dígitos 1, 3, 5, 7, ó 9 es un **número impar**. 8,203 y 1,245 son números impares.

Math in Focus

SCHOOL to HOME
Connections

Dear Family,

In this chapter, your child will learn to solve real-world problems involving multiplication and division.
Some of the skills your child will practice are:

- using bar models to solve one-step multiplication word problems

- using bar models to solve one-step division word problems

Vocabulary to Practice

Twice means two times.

Double also means two times.

Activity

Your child is learning that using bar models is an effective way of translating information in a word problem into component parts. Your child will soon find solving math problems a breeze. Here are some activities you can try with your child at home.

Multiplication

- Cut equal strips of paper (from cereal boxes, etc.) of reasonable length and width, that is, 15 centimeters by 5 centimeters.

- Design a multiplication story with your child. For example:
  Imagine that there are 20 birds sitting in a row on the strip. How many birds would there be on 5 times as many strips?

- Guide your child to connect 5 strips in a row. Write `20´ on each strip. Repeat the process with various numbers of strips. Come up with different multiplication stories with your child.

Division

- Cut 3 strips of 50 centimeters by 5 centimeters.

- Write out a suitable statement. For example:
  I have 50 apples. I want to place them equally into 2 baskets. How many apples will there be in each basket?

- Guide your child to fold the strip into 2. Highlight that each folded part represents 1 basket.

- Have your child perform the following operation: $50 \div \square = \square$

- Repeat the story with 5 and 10 baskets. Guide your child in folding the strip accurately.

Math in Focus

Conexiones entre
ESCUELA Y CASA

Capítulo 9 Modelos de barras: Multiplicación y división

Estimada familia:

En este capítulo, su hijo aprenderá a resolver problemas de la vida real que requieren multiplicar y dividir.
Algunas de las destrezas que practicará su hijo son:

- usar modelos de barras para resolver problemas de multiplicación de un solo paso

- usar modelos de barras para resolver problemas de división de un solo paso

Actividad

Su hijo está aprendiendo que usar modelos de barras es una manera efectiva de desglosar la información en partes de un problema expresado en palabras. Su hijo descubrirá que puede resolver problemas matemáticos rápidamente. Aquí hay algunas actividades que puede tratar con su hijo en casa.

Multiplicación

- Igual de corte tiras de papel (de cajas de cereal, etc.) de una longitud razonable y anchura, es decir, de 15 centímetros por 5 centímetros.

- Diseño de una historia de multiplicación con su hijo. Por ejemplo: Imaginar que hay 20 aves sentado en una fila en la tira. ¿Cuántas aves sería en tiras 5 veces más?

- Guía de su hijo para conectar 5 tiras en una fila. Escriba 20 en cada tira. Repita el proceso con diferentes números de tiras. Inventen historias diferentes de la multiplicación con su hijo.

División

- Corte 3 tiras de 50 centímetros por 5 centímetros.

- Escriba una declaración adecuada. Por ejemplo: tengo 50 manzanas, quiero poner igualmente en 2 cestas. Cuántas manzanas serán en cada canasta?

- Guía de su hijo para doblar la tira en 2. Destacar que cada parte plegada representa 1 cesta.

- Haga que su hijo realice la siguiente operación: $50 \div \square = \square$

- Repetir la historia con cestas de 5 y 10. Guía de su hijo en la franja que dobla con precisión.

Math in Focus
SCHOOL to HOME
Connections

Chapter 10 Money

Dear Family,

In this chapter, your child will learn to add and subtract money. Some of the skills your child will practice are:

- adding dollars and cents, without and with regrouping
- subtracting dollars and cents in different ways, without and with regrouping
- solving up to two-step real-world problems involving addition and subtraction of money

Activity

Learning about money allows your child to understand the practical applications of money. A simple yet practical activity to teach your child the value of money is to have him or her pay for purchases with real money on one of your shopping trips. Then have your child estimate how much change he or she should get. The next activity introduces your child to budgeting.

- Have your child imagine that he or she is given a budget of $50 to spend.

- Ask your child:
  `What would you spend it on?´

- Have your child make a list of items he or she will like to have and then find out how much they cost from advertisements in the newspapers or magazines.

- Then have your child add up the costs of the items to find out if the budget is met.

- Ask your child:
  `If your budget is now $30, what items will you remove from your list?´

Vocabulary to Practice

The **difference** is the answer to a subtraction problem.

$1.40 – $0.20 = $1.20

An **estimate** is a number close to the exact number.

396 is 400 when rounded to the nearest hundred. 400 is an estimate.

To **regroup** is to change $1 to 100 cents or 100 cents to $1.

The **sum** is the answer to an addition problem.

$12 + $45 = $57

Conexiones entre
ESCUELA Y CASA

Capítulo 10 El dinero

Estimada familia:

En este capítulo, su hijo aprenderá a sumar y restar dinero. Algunas de las destrezas que practicará su hijo son:

- sumar y restar dólares y centavos con y sin reagrupación
- restar dólares y centavos de distintas maneras con y sin reagrupación
- resolver problemas reales de dos pasos que requieran sumar y restar dinero

Actividad

Aprender sobre dinero permite a su hijo comprender las aplicaciones prácticas del dinero. Una actividad simple y práctica para enseñar a su hijo el valor del dinero es hacer que pague las compras con dinero real cuando realiza sus compras. Luego haga que su hijo estime la cantidad de cambio que debería recibir. La próxima actividad introduce a su hijo a presupuesto.

- Haga que su hijo imagine tener un presupuesto para gastos de $50.

- Pregunte a su hijo:
  `¿En qué lo gastarías?´

- Haga que su hijo prepare una lista de artículos que le gustaría tener y luego obtenga el precio de los mismos de avisos en periódicos y revistas.

- Luego haga que su hijo sume los costos de los artículos para descubrir si está dentro del presupuesto.

- Pregunte a su hijo:
  `Si el presupuesto ahora es de $30, ¿qué artículos eliminarías de la lista?´

Vocabulario para practicar

La **diferencia** es la respuesta a un problema de resta.

$1.40 – $0.20 = $1.20

Una **estimación** es un número cercano al número exacto.

396 es 400 al redondearlo a la centena más cercana. 400 es una estimación.

Reagrupar es cambiar $1 por 100 centavos ó 100 centavos por $1.

La **suma** es la respuesta a un problema de suma.

$12 + $45 = $57

Math in Focus

SCHOOL to HOME
Connections

Chapter 11 Metric Length, Mass, and Volume

Dear Family,

In this chapter, your child will learn to measure length, mass, and volume using metric units of measurement.
Some of the skills your child will practice are:

- using meter and centimeter as units of measurement for length

- reading scales in kilograms and grams

- finding the volume and capacity of a container in liters and milliliters

- converting units of measurement

Activity

Measurement is not a new concept. Your child applies his or her knowledge of measurement when he or she measures out the ingredients for a recipe or when he or she says how much taller he or she has grown in a year.

- Have your child use a measuring tape to measure objects in the house. These objects should be longer than 1 meter, for example, height of doors, length of the bed, and tables.

- Have your child record the lengths in centimeters. Then have him or her convert the lengths into compound units. For example, 135 cm = 1 m 35 cm.

- Finally have your child arrange the lengths from the longest to the shortest.

Vocabulary to Practice

Centimeter (cm), meter (m), and **kilometer (km)** are metric units of length.
100 cm = 1 m
1,000 m = 1 km

Kilogram (kg) and **gram (g)** are metric units of mass.
1 kg = 1,000 g

Liter (L) and **milliliter (mL)** are metric units of volume and capacity.
1 L = 1,000 mL

Volume is the amount of liquid in a container.

Capacity is the amount of liquid a container can hold.

Math in Focus

Conexiones entre
ESCUELA Y CASA

Capítulo 11 Medidas métricas de longitud, masa y volumen

Estimada familia:

En este capítulo, su hijo aprenderá a medir longitud, masa y volumen usando unidades métricas de medición.
Algunas de las destrezas que practicará su hijo son:

- usar metro y centímetro como unidades para medir longitud
- leer balanzas en kilogramos y gramos
- obtener el volumen y la capacidad de un envase en litros y mililitros
- convertir unidades de medición

Actividad

La medición no es un nuevo concepto. Su hijo aplica sus conocimientos en medición al medir los ingredientes en una receta o cuando dice que es más alto o ha crecido de un año a otro.

- Haga que su hijo use la cinta métrica para medir objetos en la casa. Estos objetos deben ser más largos que 1 metro. Por ejemplo, la altura de las puertas, el largo de las camas y las mesas.
- Haga que su hijo registre las medidas de longitud en centímetros. Luego haga que convierta las longitudes a unidades compuestas. Por ejemplo, 135 cm = 1 m 35 cm.
- Finalmente, haga que su hijo ordene las medidas de la más larga hasta la más corta.

Vocabulario para practicar

Centímetro (cm), **metro (m)**, **kilómetro (km)** son unidades métricas para medir longitud.
100 cm = 1 m
1,000 m = 1 km

Kilogramo (kg) y **gramo (g)** son unidades métricas de masa.
1 kg = 1,000 g

Litro (L) y **mililitro (mL)** son unidades métricas para medir volumen y capacidad.
1 L = 1,000 mL

Volumen es la cantidad de líquido en un envase.

Capacidad es la cantidad de líquido que un envase puede contener.

Math in Focus

SCHOOL to HOME
Connections

Chapter ⑫ Real-World Problems: Measurement

Dear Family,

In this chapter, your child will learn to solve up to two-step problems on metric measurements of length, mass and volume. Some of the skills your child will practice are:

- drawing bar models to solve one-step and two-step measurement problems
- choosing the operation to solve one-step problems
- writing and solving two-step measurement problems

Vocabulary to Practice

A **bar model** helps to solve word problems. Bars are drawn, divided according to the situation in the word problem, and labeled with all the relevant information.

20	15

35

Activity

This chapter enables your child to develop his or her ability to solve mathematical problems involving measurement.

- Think of a place around the state that you will like to visit on a road trip. Identify one or two interesting stopovers along the way.

- With the use of a map, find out the distances, in kilometers, between your home, the intended stopovers, and the destination. Ask your child to find the total distance (in kilometers) from your home to the destination.

- Ask your child: `If you bought snacks and 500 milliliters of lemonade for each person in the family, how many liters of lemonade would you buy?´

Math in Focus
Conexiones entre
ESCUELA Y CASA

Capítulo 12 Problemas cotidianos: Medidas

Estimada familia:

En este capítulo, su hijo aprenderá a resolver problemas de hasta dos pasos sobre mediciones métricas de longitud, masa y volumen.

Algunas de las destrezas que practicará su hijo son:

- dibujar modelos de barras para resolver problemas de división de uno y dos pasos

- elegir la operación para resolver problemas de un solo paso

- redactar y resolver problemas de medición de dos pasos

Vocabulario para practicar

Un **modelo de barra** ayuda a resolver problemas expresados en palabras. Se dibujan barras con la información relevante y se dividen según la situación expresada en el problema.

20	15
35	

Actividad

Este capítulo permite a su hijo desarrollar su habilidad para resolver problemas matemáticos que impliquen mediciones.

- Piense en un lugar en el estado que le gustaría visitar. Identifique una o dos paradas interesantes durante el viaje.

- Con un mapa, identifique las distancias, en kilómetros, entre su casa, las paradas que quiere realizar y el lugar de destino. Pida a su hijo que diga la distancia total (en kilómetros) desde su casa hasta el lugar de destino.

- Pregunte a su hijo: `Si compras bocadillos y 500 mililitros de limonada para cada uno de los integrantes de la familia, ¿cuántos litros de limonada comprarías?´

Math in Focus
SCHOOL to HOME
Connections

Dear Family,

In this chapter, your child will learn how to use bar graphs to organize data.

Some of the skills your child will practice are:

- making bar graphs with scales using data in picture graphs and tally charts

- reading and interpreting data from bar graphs

- solving problems using bar graphs

Vocabulary to Practice

An **axis** is a grid line that can be either vertical or horizontal.

The **scale** is the numbers that run along the vertical or horizontal axis of a graph.

A **survey** is a method of collecting information or data.

A **tally** mark stands for 1 of something.

Activity

Surveys are everywhere. Conduct a survey with your child and help him or her to present the results using a bar graph.

- Have your child conduct a survey on the number of pairs of shoes owned by each family member. (Sneakers can be counted as shoes.) Then have your child record the findings in the table below.

Family member	Number of pairs of shoes
Dad	
Mom	
Me	

- Guide your child in completing the tally chart below based on the survey findings.

Family member	Tally	Number of pairs of shoes
Dad		
Mom		
Me		

- Have your child present the data using the bar graph below.
  Decide on a possible scale first. The scale can be:
  1 shaded square = 1 pair of shoes or 1 shaded square = 2 pairs of shoes.

Number of Pairs of Shoes of Family Members

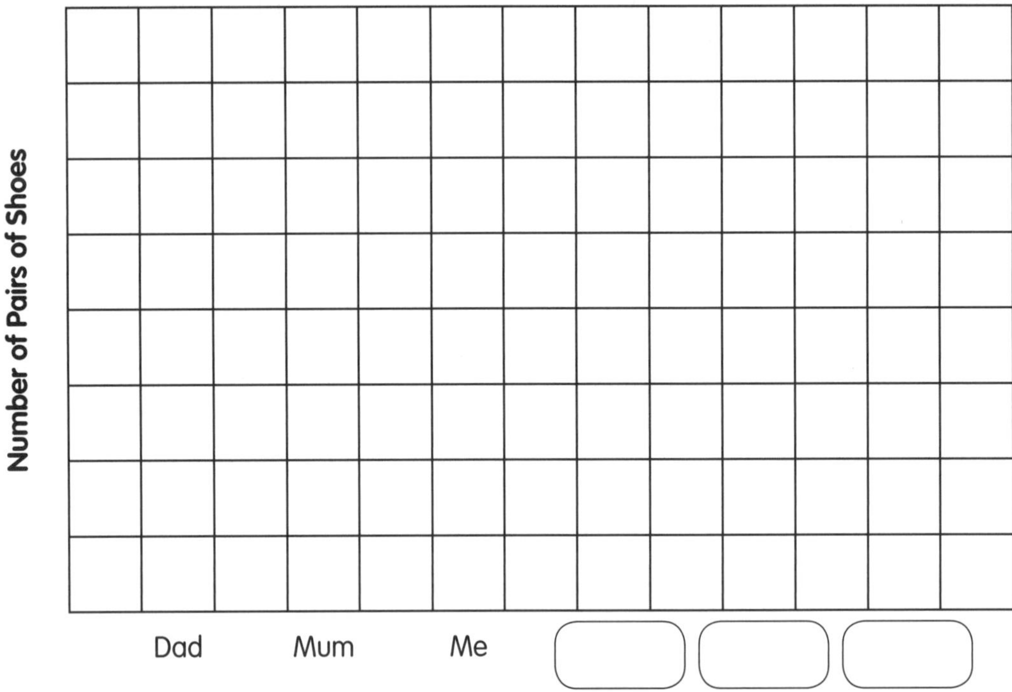

- Ask your child:

  `Who has the **most** pairs of shoes?´

  `Who has the **least** pairs of shoes?´

  `What is the **total** number of pairs of shoes?´

  `What is the **difference** between the most and the least pairs of shoes?´

Math in Focus

Conexiones entre ESCUELA Y CASA

Capítulo 13 Gráficas de barras y diagramas de puntos

Estimada familia:

En este capítulo, su hijo aprenderá la forma de usar gráficas de barras y diagramas de puntos para organizar datos. Algunas de las destrezas que practicará su hijo son:

- realizar gráficas de barras con escalas utilizando datos de imagen gráficos y tablas de tally
- leer e interpretar datos de gráficas de barras
- solución de problemas mediante gráficos de barras

Actividad

¡En todos lados hay encuestas! Realizar un estudio con su niño y ayúdelo a presentar los resultados mediante un gráfico de barras.

- Haga que su hijo realizar un estudio sobre el número de pares de zapatos de cada miembros de la familia. (Zapatillas de deporte pueden contarse como zapatos). Luego de que su hijo grabar los resultados en la tabla a continuación.

Miembro de la familia	Número de pares de zapatos
Papá	
Mamá	
Me	

- Guía a su hijo a completar la tabla cuenta basado en los resultados de la encuesta.

Miembro de la familia	Cuenta	Número de pares de zapatos
Papá		
Mamá		
Me		

Vocabulario para practicar

Un **eje** es una línea en una cuadrícula que puede ser tanto vertical u horizontal.

La **escala** son los números horizontales o verticales en los ejes de un gráfico.

Una **encuesta** es un método para recolectar información o datos.

Una marca de la **cuenta** representa 1 de algo.

Conexiones entre
ESCUELA Y CASA

• Haga que su hijo presente los datos mediante el siguiente gráfico de barras.
Decidir sobre una posible escala primero. La escala puede ser:
cuadrado sombreado 1 = 1 par de zapatos o cuadrado sombreado 1 = 2 pares de zapatos.

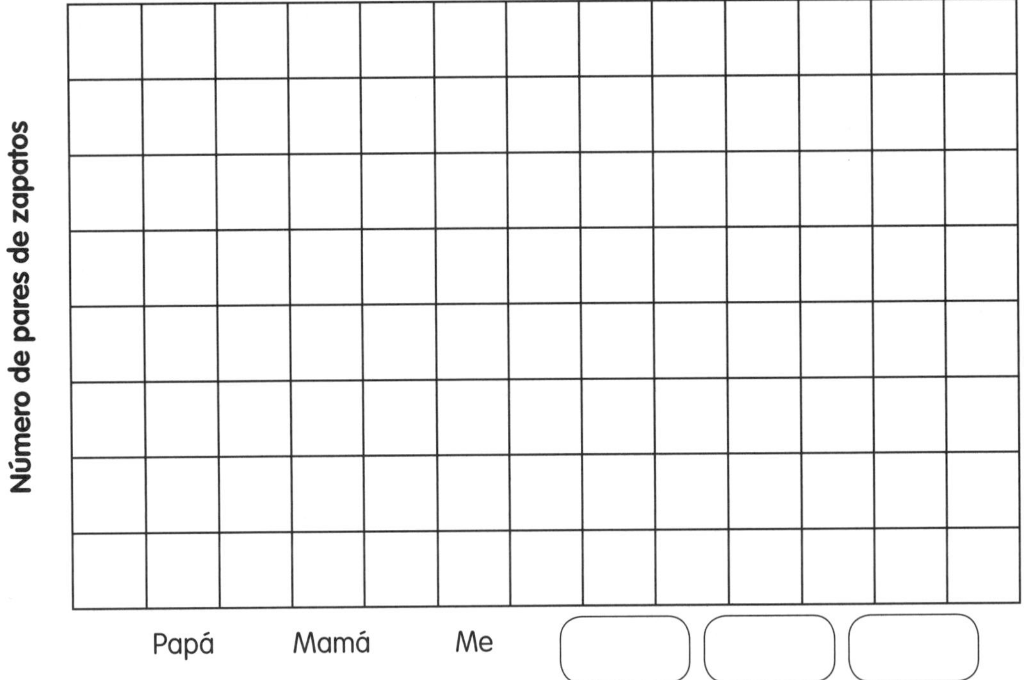

• Pídale a su hijo:

`¿Quién tiene más pares de zapatos?´

`¿Quién tiene los menos pares de zapatos?´

`¿Cuál es el número total de pares de zapatos?´

`¿Qué es las diferencias entre los más y los menos pares de zapatos?´

Math in Focus

SCHOOL to HOME
Connections

Dear Family,

In this chapter, your child will learn about fractions as parts of a region or parts of a set.

Some of the skills your child will practice are:

- reading, writing, and identifying fractions of wholes
- identifying equivalent fractions
- writing fractions in simplest form
- comparing and ordering fractions
- adding and subtracting like fractions

Activity

An understanding of fractions is important for various real-life situations such as in cooking. Help your child connect fractions to division and build wholes from fractional parts.

- Have your child record what he or she does in a particular day, for example, the amount of time he or she spends in school, playing, watching television, reading, and sleeping. Help your child to round the amount of time to the nearest hour.

- Then have him or her write the amount of time each activity takes as a fraction of the total number of hours in a day. For example, if he or she spent 2 hours playing basketball, the fraction is $\frac{2}{24}$.

- Finally, have your child add up all the fractions to make sure they equal one whole. You may want to work with smaller denominators first as a warm up to this activity. For example, $\frac{2}{24} + \frac{3}{24} + \frac{1}{24} + \frac{4}{24} + \frac{4}{24} + \frac{10}{24} = \frac{24}{24}$.

Vocabulary to Practice

A fraction is a part of a **whole**.

A **numerator** is the number above the line in a fraction. It shows the number of required parts of a whole.

A **denominator** is the number below the line in a fraction. It shows the number of equal parts into which the whole is divided.

$\frac{1}{2}$ and $\frac{2}{4}$ name the same parts of a whole. They are **equivalent fractions**.

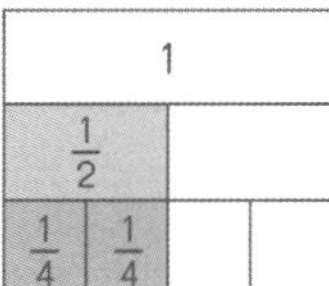

$\frac{1}{2}$ is a fraction in its **simplest form**.

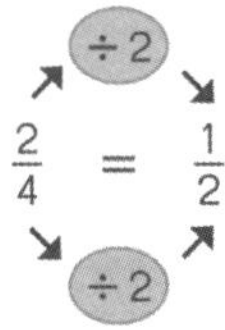

Fractions with the same denominators are **like fractions**.

Fractions with different denominators are **unlike fractions**.

Conexiones entre
ESCUELA Y CASA

Capítulo 14 Fracciones

Estimada familia:

En este capítulo, su hijo aprenderá sobre fracciones como partes de una región o de un conjunto.

Algunas de las destrezas que practicará su hijo son:

- leer, escribir e identificar fracciones de enteros
- identificar fracciones equivalentes
- escribir fracciones en su mínima expresión
- comparar y ordenar fracciones
- sumar y restar fracciones semejantes

Actividad

Comprender fracciones es importante para situaciones de la vida real, por ejemplo, para cocinar. Ayude a su hijo a conectar las fracciones con la división y a crear enteros a partir de partes fraccionarias.

- Haga que su hijo registre lo que hace en un día determinado. Por ejemplo, el tiempo que pasa en el colegio, jugando, mirando televisión, leyendo, durmiendo. Ayude a su hijo a redondear el tiempo a la hora más cercana.

- Luego haga que escriba la cantidad de tiempo que le toma cada actividad como una fracción del total de horas del día. Por ejemplo, si ha pasado 2 horas jugando baloncesto, la fracción es $\frac{2}{24}$.

- Finalmente, haga que su hijo sume todas las fracciones para asegurarse de que den un número entero. Es posible que desee trabajar con denominadores más pequeños al principio para practicar antes de realizar esta actividad.

  Por ejemplo, $\frac{2}{24} + \frac{3}{24} + \frac{1}{24} + \frac{4}{24} + \frac{4}{24} + \frac{10}{24} = \frac{24}{24}$.

Vocabulario para practicar

Una fracción es una parte de un **entero**.

El **numerador** es el número que está sobre la línea en una fracción. Muestra el número de partes requeridas de un entero.

El **denominador** es el número que está debajo de la línea en una fracción. Muestra la cantidad de partes iguales en las que un entero se divide.

$\frac{1}{2}$ y $\frac{2}{4}$ nombran las partes de un entero. Son **fracciones equivalentes**.

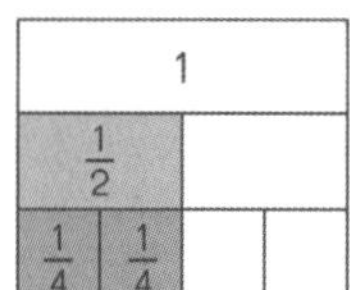

$\frac{1}{2}$ es una fracción **simplificada**.

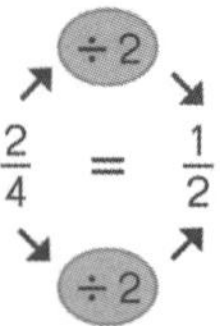

Las fracciones con los mismos denominadores son **fracciones semejantes**.

Las fracciones con distintos denominadores son **fracciones no semejantes**.

Math in Focus

SCHOOL to HOME
Connections

Dear Family,

In this chapter, your child will learn to measure length, weight, and capacity in customary units.
Some of the skills your child will practice are:

- using inch and half inch as units of measurement for length
- measuring given lengths
- measuring capacity with pint (pt) and quart (qt)
- estimating and finding the actual capacity of a container
- relating units of capacity to one another

Activity

Finding measures is a practical skill in our everyday lives. For example, when we want to buy a new sofa set, we measure the length of the sofa to check if it fits in the living room.

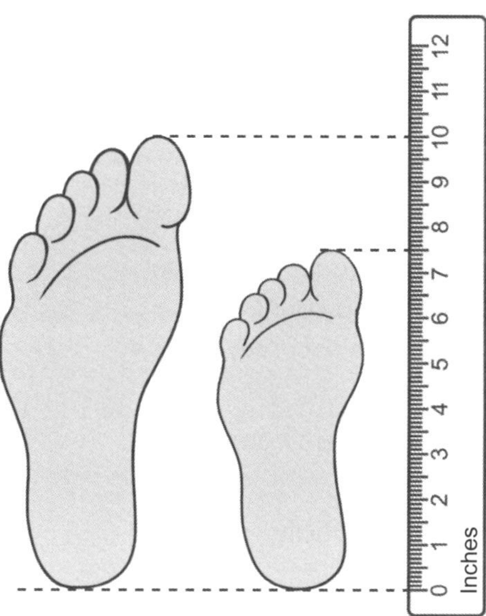

Vocabulary to Practice

Inch (in.) is a customary unit of length.

The halfway mark between two inch marks on an inch ruler is a **half inch**.

The **quarter-inch** mark is the second division mark on an inch ruler.

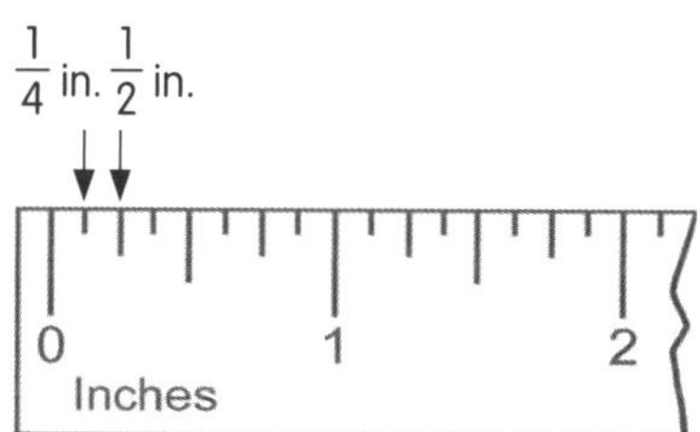

Pint (pt) and **quart (qt)** are customary units of capacity.
2 pt = 1 qt

- Have your child read off the measurement of the child's foot length from the printed ruler above and record it in a notebook. Point out that an accurate measurement is one that should start from the heel of the foot to the tip of the longest toe. Repeat the step with the adult's foot length.

- Ask your child:

  `Which foot is longer?´

  `What is the difference in their lengths?´

- Repeat this activity, this time using your and your child's feet. Round off the lengths to the nearest whole number or the nearest half inch.

- Collect and clean a used carton with the capacity of a pint and another carton with the capacity of a quart.

- Gather empty containers from around the house. Have your child use the carton with the capacity of a pint to fill a container to the brim.

- Together with your child, count the number of pints needed to fill the container and record it down.

- Have your child estimate the number of quarts needed to fill the container. Highlight that a pint is a smaller unit of measurement than a quart.

- Have your child calculate the number of quarts needed, using 2 pt = 1 qt.

- Help your child fill the container again, this time using the carton with the capacity of a quart. Ensure that your child counts and records the number of quarts needed. Check the accuracy of your child's estimation and calculation.

- Discuss with your child the difference in the numbers from the measurements using pints and quarts.

- Repeat this with another container of different capacity.

Math in Focus

Conexiones entre ESCUELA Y CASA

Estimada familia:

En este capítulo, su hijo aprenderá a medir la longitud, el peso y la capacidad en medidas usuales.

Algunas de las destrezas que practicará su hijo son:

- usando pulgadas y media pulgada como unidades de medida de longitud
- dada la longitud de medición
- capacidad de medición con pinta (pt) y cuarto (qt)
- estimación y encontrar la capacidad real de un contenedor
- relacionados con unidades de capacidad entre sí

Actividad

Descubrir medidas es una capacidad práctica de la vida cotidiana. Por ejemplo, cuando queremos comprar un nuevo juego de sillones medimos el largo del sillón para verificar si entra en la sala.

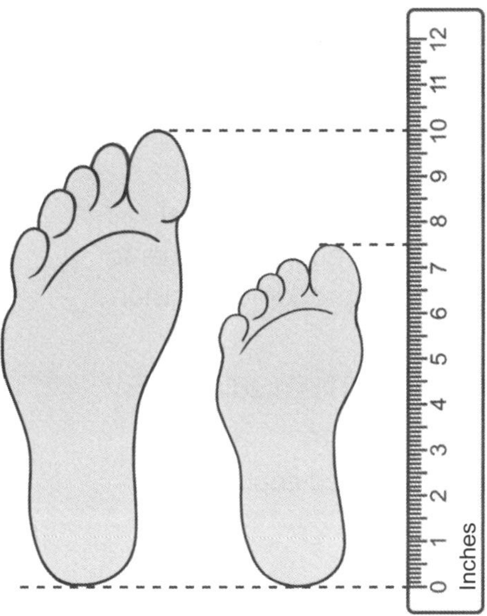

Vocabulario para practicar

Pulgada (pulg.) es una unidad habitual de longitud.

La marca a mitad de camino entre las marcas de dos pulgadas en una regla de la pulgada es una **media pulgada**.

La marca de **cuarto de pulgada** es la segunda división en una regla de pulgadas.

$\frac{1}{4}$ in. $\frac{1}{2}$ in.

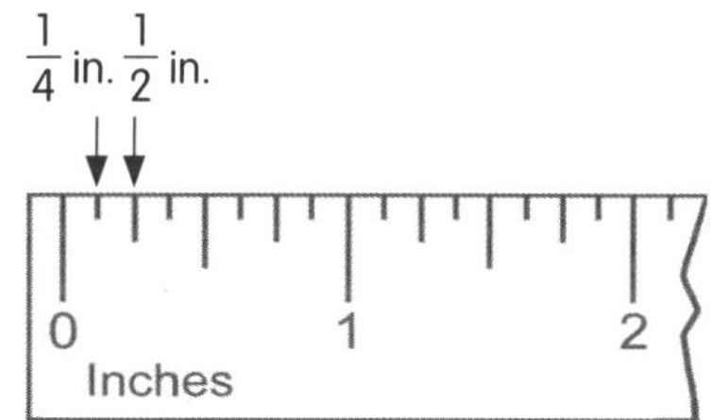

Pint (pt) y **cuarto (qt)** son unidades habituales de capacidad.

2 pt = 1 cuarto de gallon

Conexiones entre
ESCUELA Y CASA

- Haga que su hijo leer apagado la medición de la longitud del pie del niño en el registro en un cuaderno señalan que una medición exacta es la que debe partir el talón del pie hasta la punta del dedo más largo y regla impresa arriba. Repita el paso con la longitud del pie del adulto

- Pídale a su hijo:

  '¿Que pie es más larga?'

  '¿Cuál es la diferencia en sus longitudes?

- Repita esta actividad, esta vez utilizando los pies de su hijo. Redondear las longitudes al número entero más cercano o a la media pulgada más cercano

- Recoger y limpiar un cartón usado con la capacidad de una pinta y otro cartón con la capacidad de un litro

- Reunir los envases vacíos alrededor de la casa. Haga que su hijo use la caja de cartón con una capacidad de un litro para llenar un recipiente hasta el borde

- Junto con su hijo, contar el número de pintas necesarios para llenar el contenedor y registre abajo.

- Haga que su hijo estimar el número de cuartos necesarios para llenar el contenedor. Destacar que un litro es una unidad más pequeña de la medida de un cuarto de gallon

- Haga que su hijo calcular el número de cuartos necesarios, utilizando 2 pt 1 cuarto de galón.

- Ayude a su hijo a llenar el contenedor de nuevo, esta vez con el cartón de la capacidad de un litro. Asegúrese de que el niño cuenta y registra el número de cuartos necesitado. Comprobar la precisión de la estimación y cálculo de su hijo

- Hable con su hijo la diferencia en los números de las mediciones con pintas y curators

- Repetir este proceso con otro contenedor de diversa capacidad

Math in Focus

SCHOOL to HOME
Connections

Chapter 16 — Time and Temperature

Dear Family,

In this chapter, your child will study measurements of time and temperature.

Some of the skills your child will practice are:

- telling time to the minute
- changing minutes to hours or hours to minutes
- adding and subtracting time, with and without regrouping
- finding elapsed time
- reading a Fahrenheit thermometer

Activity

Finding elapsed time is a great way to practice mental math skills. Try the following activity.

- Have your child write down the time his or her favorite television program starts.

- Then have your child calculate how many hours it is until the program begins. For example, if it is 9:15 A.M. now and his favorite program starts at 4:30 P.M., it is 7 hours 15 minutes until the program begins.

- Have your child find out the actual duration of the show by writing down the start and end times of each commercial break. Then subtract the total time for commercials from the show's overall length.

Vocabulary to Practice

Hour (h) and **minute (min)** are unit measurements of time.
1 h = 60 min

9:20 A.M. is 20 minutes **past** 9.
9:45 A.M. is 15 minutes **to** 10 or 15 minutes **before** 10.

Elapsed time is the amount of time that has passed between the start and the end of an activity.

A **time line** is used to find elapsed time.

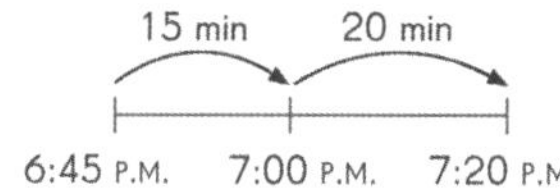

Degrees Fahrenheit is the customary unit of measurement for temperature.

Conexiones entre
ESCUELA Y CASA

Capítulo 16 La hora y la temperatura

Estimada familia:

En este capítulo, su hijo estudiará las mediciones de hora y temperatura.

Algunas de las destrezas que practicará su hijo son:

- decir la hora en minutos
- cambiar minutos a horas u horas a minutos
- sumar y restar la hora con y sin reagrupación
- descubrir el tiempo transcurrido
- leer un termómetro en grados Fahrenheit

Actividad

Descubrir el tiempo transcurrido es una gran forma de practicar las destrezas de cálculo mental. Intente realizar la siguiente actividad.

- Pida a su hijo que anote la hora de inicio de su programa de televisión favorito.

- Luego, pídale que calcule cuántas horas faltan para que comience el programa. Por ejemplo, si ahora son las 9:15 de la mañana y su programa favorito comienza a las 4:30 de la tarde, faltan 7 horas 15 minutos para que comience el programa.

- Haga que su hijo averigüe la duración exacta del programa anotando la hora de inicio y final del mismo luego de cada pausa publicitaria. Luego reste el tiempo total de las pausas publicitarias al tiempo total del programa.

Vocabulario para practicar

Hora (h) y **minuto (min)** son unidades para medir el tiempo.
1 h = 60 min

9:20, 20 minutos **pasadas** las 9.
9:45, 15 minutos **para** las 10 o
15 minutos **antes** de las 10.

Tiempo transcurrido es la cantidad de tiempo que ha pasado desde el inicio hasta el final de una actividad.

Una **línea cronológica** se usa para descubrir el tiempo transcurrido.

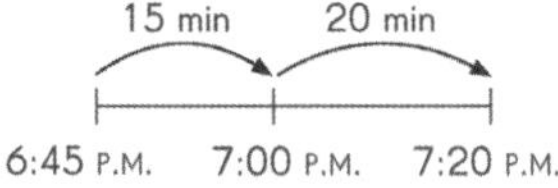

Grados Fahrenheit es la unidad usual para medir la temperatura.

Math in Focus

SCHOOL to HOME
Connections

Dear Family,

In this chapter, your child will learn to identify angles and lines. Some of the skills your child will practice are:

- finding angles in plane shapes and real-world objects
- comparing the number of sides and angles of plane shapes
- making a right angle
- comparing angles to a right angle
- identifying perpendicular and parallel lines

Activity

We are surrounded by angles and lines. Take time to show your child the parallel or perpendicular lines around the house. For example, in window frames, or silverware as it lies on the table. Then try this activity. Using a rectangular piece of paper, fold a simple paper airplane.

- Have your child find the number of each type of angle (right angle, less than a right angle, or more than a right angle) that can be found on the plane.

- Explain that a plane has many angles. Have your child experiment with folding different planes and flying them. Encourage your child to use descriptions of angles to discuss which ones fly better.

Vocabulary to Practice

When two line segments share the same endpoint, they form an **angle**.

Angle *P* is a **right angle**.

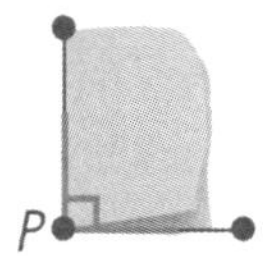

45° is **greater than** 20°.
20° is **less than** 45°.

Perpendicular lines are two lines that meet at right angles.

Line *AB* is perpendicular to line *CD*.

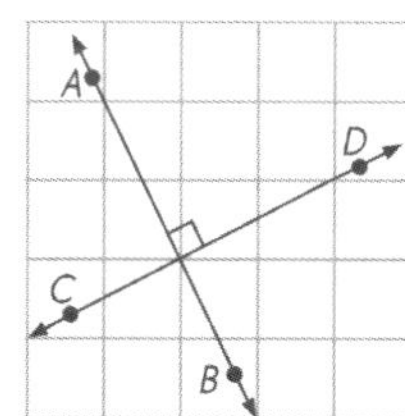

Parallel lines are lines that will not meet no matter how long they are drawn.

Line *KL* is parallel to line *MN*.

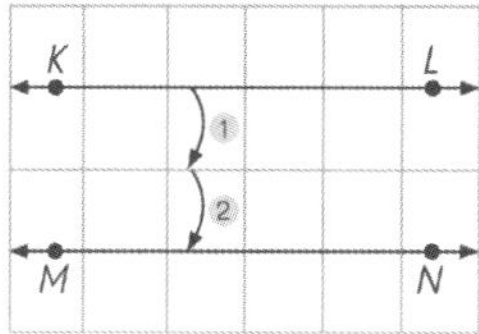

Conexiones entre
ESCUELA Y CASA

Capítulo (17) Ángulos y líneas

Estimada familia:

En este capítulo, su hijo aprenderá a identificar ángulos y líneas. Algunas de las destrezas que practicará su hijo son:

- encontrar ángulos en figuras planas y objetos reales
- comparar la cantidad de lados y de ángulos de figuras planas
- hacer un ángulo recto
- comparar ángulos con un ángulo recto
- identificar líneas perpendiculares y paralelas

Actividad

Estamos rodeados de ángulos y líneas. Tómese tiempo para mostrar a su hijo las líneas paralelas y perpendiculares de su casa. Por ejemplo, en marcos de ventanas o en la vajilla colocada en la mesa. Luego intente realizar la siguiente actividad. Con un papel rectangular, haga un avión de papel simple.

- Haga que su hijo descubra el número de cada tipo de ángulo (ángulo recto, más de un ángulo recto o menos de un ángulo recto) que hay en el avión.

- Explique que el avión tiene varios ángulos. Haga que su hijo experimente armando distintos aviones y que los haga volar. Fomente que su hijo use descripciones de ángulos para debatir cuál de los aviones vuela mejor.

Vocabulario para practicar

Cuando dos segmentos comparten el mismo extremo forman un **ángulo**.

El ángulo *P* es un **ángulo recto**.

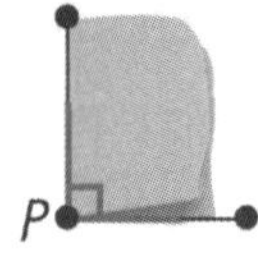

45° es **mayor que** 20°.
20° es **menor que** 45°.

Las **líneas perpendiculares** son dos líneas que se unen en los ángulos rectos.

La línea *AB* es perpendicular a la línea *CD*.

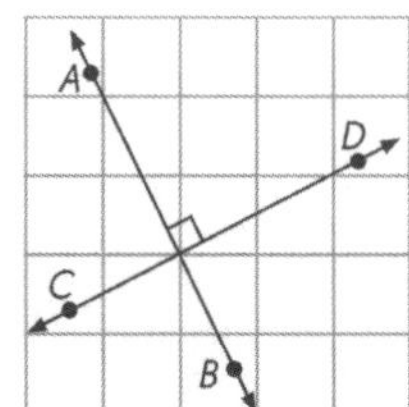

Las **líneas paralelas** son líneas que no se unirán sin perjuicio del largo de éstas.

La línea *KL* es paralela a la línea *MN*.

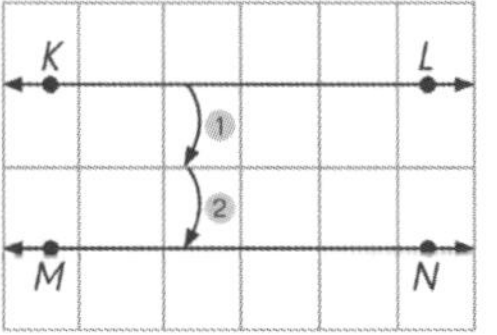

Math in Focus
SCHOOL to HOME
Connections

Chapter 18 Two-Dimensional Shapes

Dear Family,

In this chapter, your child will study polygons. Some of the skills your child will practice are:

- identifying special polygons and quadrilaterals
- classifying polygons by the number of sides, vertices, and angles
- classifying quadrilaterals by parallel sides, length of sides, and angles

Activity

If we take a closer look at the things around us, we will see that polygons and quadrilaterals exist in nature as well as in man-made objects. Help your child better understand the attributes (or characteristics) of different polygons by jointly compiling a scrapbook which categorizes each polygon.

- Provide your child with newspapers and magazines. Guide your child in identifying and cutting out polygons when spotted in the newspapers and magazines.
- Highlight the attributes of each polygon as you come across it.
- Your child can also take photographs of polygons that occur around the house and compile an electronic scrapbook.

Vocabulary to Practice

A **polygon** is a closed plane figure formed by three or more line segments.

A **vertex** is a point where two sides of a polygon meet.

A **pentagon** is a polygon that has five sides.

An **octagon** is a polygon that has eight sides.

A **quadrilateral** is a polygon that has four sides.

A **parallelogram** is a quadrilateral with two opposite sides that are parallel.

Parallel lines are two lines that will not meet no matter how long they are drawn.

A **rhombus** is a parallelogram with sides that are equal in length.

Conexiones entre
ESCUELA Y CASA

Capítulo 18 Figuras bidimensionales

Estimada familia:

En este capítulo, su hijo aprenderá a estudiar polígonos Algunas de las destrezas que practicará su hijo son:

- identificación de cuadriláteros y ploygons especial
- clasificación de polígonos por el número de lados, vértices y ángulos
- clasificación de cuadriláteros de lados paralelos, la longitud de los lados y ángulos

Actividad

Si prestamos atención a las cosas que nos rodean vamos a ver que los polígonos y cuadriláteros existen en la naturaleza, así como en objetos artificiales. Ayude a su niño a entender mejor los atributos de características) de diferentes polígonos conjuntamente compilando un libro de recuerdos que clasifica cada polígono.

- Proporcionar a su hijo con periódicos y revistas. Guía de su hijo en la identificación y reducción de polígonos cuando vio en los periódicos y revistas.
- Resaltar los atributos de cada polígono como tu venga a través de ella.
- Su hijo también puede tomar fotografías de polígonos que ocurren alrededor de la casa y compilación un bloc de notas electrónico.

Vocabulario para practicar

Un **polígono** es una figura de plano cerrado formada por tres o más segmentos de línea.

Un **vértice** es un punto de encuentran de dos lados de un polígono.

Un **pantogon** es un polígono que tiene cinco lados.

Un **octágono** es un polígono que tiene ocho lados.

Un **cuadrilátero** es un polígono que tiene cuatro lados.

Un **paralelogramo** es un cuadrilátero con dos lados opuestos que son paralelas.

Líneas paralelas son dos líneas que no se cumplirá sin importar cuánto se dibujan.

Un **rombo** es un paralelogramo con lados iguales en longitud.

Math in Focus

SCHOOL to HOME
Connections

Dear Family,

In this chapter, your child will learn to find the area and perimeter of rectangular figures.

Some of the skills your child will practice are:

- understanding the meaning of area and perimeter
- using square units to find and compare the areas of plane figures
- estimating the area of small and large surfaces
- measuring or finding perimeter

Activity

Children sometimes confuse area with perimeter. Carry out this simple yet fun activity at home to help reinforce the concepts of area and perimeter.

- Have your child imagine that both of you are about to do a complete makeover of a bedroom.
- Ask your child what you must know before starting. Lead your child to see that you first find the measurements of the room.
- Using a measuring tape, help your child find the length, width, and height of the room. Then with the information, discuss how to find the floor area, for example, to decide on the amount of flooring or the perimeter of the room in order to decide what length of wallpaper border to purchase.

Vocabulary to Practice

Area is the number of square units needed to cover the surface of each figure.

Square units are units such as square centimeter, square inch, square foot, or square meter that are used to measure area.

Square centimeter (cm²) and **square meter (m²)** are metric units of measure for area.

Square inch (in.²) and **square foot (ft²)** are customary units of measure for area.

Perimeter is the distance around a figure. Perimeter is measured in linear units such as centimeters, inches, meters, and feet.

Conexiones entre
ESCUELA Y CASA

Capítulo 19   Área y perímetro

Estimada familia:

En este capítulo, su hijo aprenderá a hallar el área y el perímetro de figuras rectangulares.

Algunas de las destrezas que practicará su hijo son:

- comprender el significado de área y perímetro
- usar unidades cuadradas para encontrar y comparar las áreas de las figuras planas
- estimar el área de superficies pequeñas y grandes
- medir o encontrar el perímetro

Actividad

Los niños algunas veces confunden el área con el perímetro. Realice esta actividad simple aunque divertida en casa para reforzar los conceptos de área y perímetro.

- Haga que su hijo imagine que ambos están a punto de redecorar completamente un dormitorio.
- Pregunte a su hijo qué debe saber antes de comenzar. Guíe a su hijo para que vea que primero usted obtiene las medidas de la habitación.
- Use una cinta métrica, ayude a su hijo a obtener el largo, el ancho y el alto de la habitación. Luego con la información, por ejemplo, analice hasta encontrar el área del piso para decidir la cantidad de piso o el perímetro para decidir el largo del papel para tapizar que debe comprar.

Vocabulario para practicar

Área es el número de unidades cuadradas necesarias para cubrir la superficie de cada figura.

Unidades cuadradas son unidades tales como centímetro cuadrado, pulgada cuadrada, pie cuadrado, o metro cuadrado, que se usan para medir área.

Centímetro cuadrado (cm²) y **metro cuadrado (m²)** son unidades métricas para medir área.

Pulgada cuadrada (pulg.²) y **pie cuadrado (pie²)** son unidades métricas para medir área.

Perímetro es la distancia alrededor de una figura. El perímetro se mide en unidades lineales tales como centímetros, pulgadas, metros, y pies.

SCHOOL to HOME
Connections

Dear Family,

This has been a full year for your child in math. One aspect of learning math is that concepts and skills become solidified over time. Concepts or skills that were new earlier in the year will now seem `easy´. A great way to reinforce your child's appreciation for math is to review the year and his or her growth.

For example, ask your third grader to recall and explain:

- *How can you decide which set of fractions are equivalent?*

  $\frac{1}{2}$ and $\frac{1}{6}$? $\frac{3}{4}$ and $\frac{9}{12}$? $\frac{5}{5}$ and $\frac{5}{10}$?

- *How can you tell which angle is greater than a right angle?*

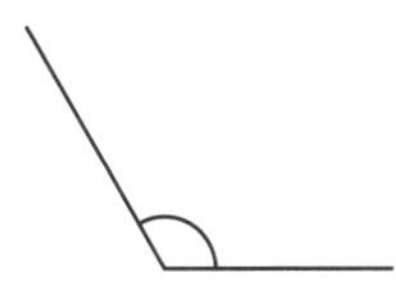  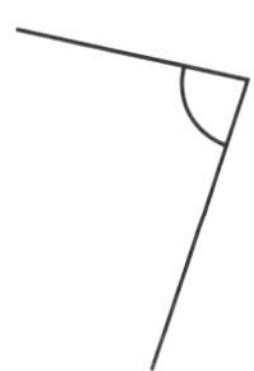

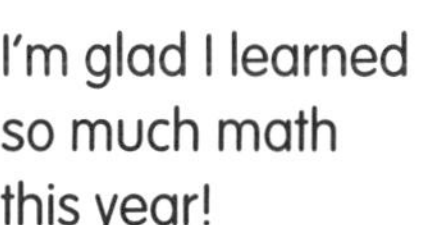

Ask your child, `*Was this always easy for you? What do you know now that makes it easier than before?´* Allow your child to be pleased with how much math he or she learned this year!

Finally, take a few minutes now and then over the summer to keep math skills sharp with family math activities. Many ideas have been suggested in these chapter newsletters. Another good source of activities is the U.S. Department of Education publication, *Helping Your Child Learn Math*, available in print or online at www.ed.gov/pubs/parents/Math/.

Thank you for supporting your child's efforts in math this year!

Math in Focus
Conexiones entre ESCUELA Y CASA

Estimada familia:

Este ha sido un año completo para su hijo en matemáticas. Un aspecto del aprendizaje de matemáticas es que los conceptos y las habilidades se consolidan con el tiempo. Los conceptos o las destrezas que a principio de año eran nuevas ahora parecerán `fáciles´. Una excelente forma de reforzar el aprecio de su hijo por las matemáticas es revisar el año y su crecimiento.

Por ejemplo, pregunte a su hijo de tercer grado que recuerde y explique:

- *¿Cómo puedes decidir qué conjunto de fracciones son equivalentes?*

  $¿\frac{1}{2}$ y $\frac{1}{6}?$ $¿\frac{3}{4}$ y $\frac{9}{12}?$ $¿\frac{5}{5}$ y $\frac{5}{10}?$

- *¿Cómo puedes saber qué ángulo es mayor que un ángulo recto?*

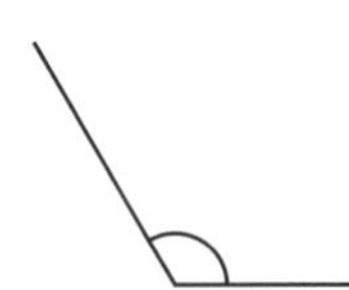  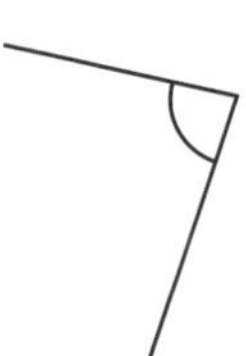

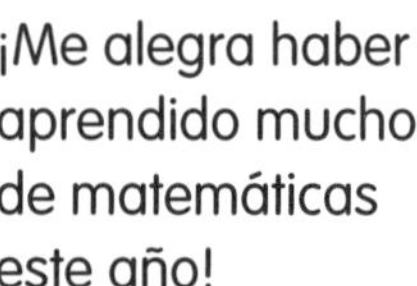

Pregunte a su hijo, `¿Fue esto siempre fácil para ti? ¿Qué sabes ahora que lo hace más fácil que antes?´ ¡Deje que su hijo se alegre de cuántas matemáticas ha aprendido este año!

Por último, dedique algunos minutos ahora y luego en el verano para mantener las habilidades matemáticas activas con actividades matemáticas familiares. Se han sugerido muchas ideas en estos boletines informativos sobre los capítulos. Otra buena fuente de actividades es la publicación del Departamento de Educación de EE.UU., Helping Your Child Learn Math *(Cómo ayudar a su hijo con las matemáticas)*, disponible en formato impreso o en línea en www.ed.gov/espanol/parents/academic/matematicas/part.html.

¡Muchas gracias por apoyar los esfuerzos de su hijo en matemáticas este año!